Plätzchen ohne Schnickschnack

EDITION XXL

Inhalt

Vorwort

Zu einem richtigen Weihnachtsfest gehören Plätzchen! Davon ist fast jeder, ob alt oder jung, fest überzeugt – und denkt dabei automatisch an die leckeren Lieblingsplätzchen aus der Kindheit. Damals zogen in der Adventszeit verführerische Düfte durchs Haus und für die Kinder gab es nichts Schöneres, als beim Verzieren zu helfen und das eine oder andere Plätzchen zu naschen.

Heute gibt es zwar durchaus hochwertiges Gebäck zu kaufen, doch wer einmal Selbstgebackenes probiert hat, schmeckt den Unterschied. Deshalb besinnen sich immer mehr Menschen auf die gute alte Zeit und backen ihre Weihnachtsplätzchen selbst. Bereits lange vor Weihnachten sind die Zeitschriften inzwischen voll von allerlei Backrezepten. Doch wer die altbewährten Rezepte für Omas Plätzchen sucht, wird nicht immer fündig.

Wir haben für Sie in diesem Buch die besten Rezepte aus Großmutters Backbuch zusammengestellt: mit einfachen Zutaten und ohne Schnickschnack, aber genauso köstlich wie früher! Ob Buttergebäck, Spritzgebackenes, Kokosmakronen oder Zimtsterne – sowohl die bekannten Klassiker als auch Omas Spezialsorten sind vertreten.

Die Zubereitung wird detailliert erklärt, damit die Plätzchen gut gelingen. Im Ratgeber finden Sie alles, was Sie über Backzubehör und die wichtigsten Zutaten wissen sollten.

Lassen Sie sich von Großmutters Rezepten inspirieren und verwandeln Sie Ihre Küche in eine duftende Backstube! Ihre Familie und Freunde werden von den leckeren Plätzchen ganz sicher begeistert sein – und das nicht nur zur Weihnachtszeit!

Viel Freude beim Backen wünscht Ihnen Ihre

Elisabeth Bangert

Ratgeber

Die Rezepte in diesem Buch sind ganz einfach nachzubacken. Sie benötigen lediglich einige Backwerkzeuge und Zutaten, die in jedem Lebensmittelgeschäft erhältlich sind. Im Folgenden finden Sie eine kurze Beschreibung der wichtigsten Utensilien, die Sie zu Hause haben sollten. Am besten machen Sie sich schon vor dem Einkaufen mit dem Rezept vertraut, dann können Sie sicher sein, alles zur Hand zu haben.

Damit Sie den nötigen Zeitaufwand auf einen Blick erkennen, ist jedes Rezept mit einem Symbol gekennzeichnet:

- (1 Löffel) = Schnell gebacken, mit wenigen Zutaten
- (2 Löffel) = Besondere Plätzchen, mit wenig Aufwand gebacken
- (3 Löffel) = Klassische Leckereien, die etwas mehr Zeit beanspruchen

Backwerkzeuge

Eine Rührschüssel, ein Backblech, einen Rührlöffel, einen Schneebesen und eine Küchenwaage hat eigentlich jeder in seiner Küche. Darüber hinaus gibt es aber noch einige Dinge, die vor allem beim Plätzchenbacken hilfreich sind:

- Ausstechförmchen

Es gibt sie in allen möglichen Formen und Größen. Achten Sie beim Kauf auf gute Qualität, damit sie sich nicht verformen. Damit der Teig beim Ausstechen nicht an den Rändern kleben bleibt, ist es ratsam, die Förmchen vorher kurz in Mehl zu tauchen.

- Backpapier

Auch wenn es zu Omas Zeiten noch kein Backpapier gab – es hat große Vorteile: Sie sparen sich das Einfetten des Backblechs und die anschließende Reinigung wird auch erheblich erleichtert. Wenn nicht zu viel Teig am Papier kleben bleibt, können Sie den Bogen auch wiederverwenden.

• Fleischwolf
In einigen Rezepten wird der Plätzchenteig durch den Fleischwolf gedreht. Großmutter hatte dafür einen speziellen Gebäckaufsatz. Falls Sie keinen Fleischwolf mit Gebäckaufsatz besitzen, können Sie sich mit einem Spritzbeutel mit Sterntülle behelfen.

• Handrührgerät
Die Alternative zu Omas Schneebesen ist ein elektrisches Rührgerät, mit dem sich Teig problemlos verarbeiten lässt. Mürbeteig kann man, statt ihn mit der Hand zu kneten, auch mit den Knethaken des Rührgeräts bearbeiten.

• Springerleformen
Wie auch bei den Ausstechförmchen gibt es bei Springerleformen eine große Auswahl an Motiven und Größen. Die meisten Springerlemodel sind aus Birnenholz geschnitzt. Besonders schön werden die Springerle, wenn Sie den Teig nach dem Hineindrücken in die Form mit einem Teigrädchen ausschneiden. Die Springerle haben dann einen hübsch gezackten Rand.

• Teigrollen
Teigrollen gibt es in verschiedenen Materialien: Eine Rolle aus Holz muss vor jedem Arbeitsgang mit Mehl bestäubt werden, damit der Teig nicht daran kleben bleibt. Mit Rollen aus Marmor lässt sich Teig besonders gut ausrollen, da sie schwerer sind. Außerdem bleibt der Teig nicht so leicht daran kleben. Zum Ausrollen von Plätzchenteig sind Teigrollen mit Abstandhalter ideal, da sie für eine einheitliche Dicke sorgen.

Kuvertüre richtig schmelzen
Zum Bestreichen, Überziehen oder Dekorieren von Plätzchen eignet sich besonders Kuvertüre, die im Wasserbad geschmolzen wurde. Sie wird entweder mit dem Pinsel aufgetragen oder in einen Spritzbeutel gefüllt und dann aufgespritzt.

Zum Schmelzen im Wasserbad hängen Sie eine Metallschüssel in einen Topf mit heißem Wasser und schmelzen die Kuvertüre im Wasserdampf. Dabei darf kein Wasser in die Kuvertüre gelangen! Die Kuvertüre darf auch nicht zu heiß werden, da sie dann später nicht fest wird. Erhitzen Sie sie langsam und nicht über 40 °C!

Zutaten

Viele Zutaten für die Plätzchenbäckerei hat man in der Regel vorrätig, wie z.B. Mehl, Zucker oder Eier. Im Folgenden finden Sie das Wichtigste über die Zutaten, die Sie für das eine oder andere Rezept aus Omas Backstube benötigen.

Glutenunverträglichkeit und Nussallergie

Für Menschen mit Glutenunverträglichkeit sind inzwischen glutenfreie Mehle im Handel erhältlich. Der Teig kann nach Rezept hergestellt werden – das gewöhnliche Mehl wird einfach durch glutenfreies ersetzt.

Bei einer Nussallergie ist das nicht so einfach. Wer nur gegen einige Nusssorten allergisch ist, kann diese problemlos gegen eine andere austauschen. Bei einer umfassenden Allergie hingegen hilft nur eines: die Nüsse weglassen! Sie können sie durch eine Kernemischung ersetzen, wodurch sich allerdings Geschmack und Konsistenz ein wenig verändern. Probieren Sie es doch einmal aus und kreieren Sie Ihr ganz persönliches Plätzchen!

- Gewürze

Vor allem in der Weihnachtsbäckerei werden häufig aromatische Gewürze verwendet, wie z.B. Zimt, Nelken, Kardamom, Muskat oder Anis. Gemahlene Gewürze sollten Sie nur in kleinen Mengen kaufen, da bereits nach einigen Monaten ein Aromaverlust eintritt. Lagern Sie Gewürze immer kühl, trocken und dunkel.

- Hirschhornsalz

Dieses Backtriebmittel wird zur Auflockerung von flachem Gebäck, wie z.B. Springerle, verwendet. Das Gebäck ist dadurch auch länger haltbar. Früher wurde Hirschhornsalz tatsächlich aus geraspeltem Hirschgeweih gewonnen. Heute besteht es aus rein chemischen Bestandteilen.

• Marzipanrohmasse
Sie besteht aus geschälten, gemahlenen Mandeln und Zucker und kann direkt weiterverarbeitet werden. Gute Qualität erkennt man an der hellen Farbe; dunkle Marzipanrohmasse wurde aus ungeschälten Mandeln hergestellt. Eine günstigere, aber weniger schmackhafte Alternative ist Persipan, das aus Aprikosen- und Pfirsichkernen hergestellt wird.

• Mohn
Mohn ist eine Zutat, der viele mit Misstrauen begegnen, da sie Morphine und Codeine enthält. Allerdings gibt es verschiedene Sorten Mohn. In Deutschland ist vor allem der Blauschwarze Mohn im Handel. Er unterliegt der staatlichen Kontrolle und die enthaltenen Mengen dieser Stoffe sind bei normalem Verzehr völlig unbedenklich.

• Nugat
Nugat wird vor allem zum Füllen verwendet. Er wird ähnlich wie Marzipan als Rohmasse verkauft und besteht aus gerösteten und gemahlenen Haselnüssen, Schokolade und Zucker.

• Schokolade
Schokolade ist eine beliebte Backzutat, die in den verschiedensten Ausführungen erhältlich ist: Schokotropfen, Schokostreusel oder Schokoraspel. Sie können die Plätzchen geschmacklich variieren, indem Sie statt Vollmilchschokolade zur Abwechslung Zartbitterschokolade verwenden.

• Vanillezucker
Vor allem für Vanillekipferl braucht man viel Vanillezucker. Kaufen Sie kein synthetisch hergestelltes Vanillin, sondern möglichst hochwertige Produkte wie Bourbon-Vanillezucker. Sie können ihn aber auch ganz einfach selbst herstellen: Legen Sie eine aufgeritzte Vanilleschote in ein verschließbares Gefäß mit Zucker und lassen Sie alles ein paar Tage durchziehen.

• Zitronenschale
Abgeriebene Zitronenschale gibt es als Fertigprodukt zu kaufen. Falls Sie sie selbst herstellen möchten, sollten Sie darauf achten, unbehandelte Zitronen zu verwenden und diese vor dem Abreiben noch heiß abzuwaschen. Die abgeriebene Zitronenschale sollte dann aber so schnell wie möglich verbacken werden, da sie nicht so lange haltbar ist wie das Fertigprodukt.

Aprikosen-Zitronen-Plätzchen

Zutaten:

Ergibt ca. 90 Stück

Für den Teig:
250 g Butter
130 g Zucker
2 Päckchen Vanillezucker
2 Eier
2 TL abgeriebene Schale einer unbehandelten Zitrone
1 Prise Salz
350 g Mehl
1 Päckchen Backpulver

Zum Füllen:
Aprikosenmarmelade

Zum Verzieren:
100 g Puderzucker
1–2 EL Zitronensaft

Zubereitung:

1. Die Zutaten genau abmessen und bereitstellen.

2. Die Butter, den Zucker, den Vanillezucker, die Eier, den Zitronenabrieb und das Salz mit den Rührbesen des Handrührgerätes verrühren. Das Mehl und das Backpulver darübersieben, alles zu einem glatten Teig verarbeiten und ca. 2 Stunden im Kühlschrank ruhen lassen.

3. Den Backofen auf 180 °C (Umluft 160 °C) vorheizen.

4. Die Hände mit Mehl bestäuben und aus dem Teig kleine Kugeln formen. Die Kugeln auf ein mit Backpapier ausgelegtes Backblech legen und den Teig etwas flach drücken. Mit dem Stiel eines Rührlöffels kleine Vertiefungen eindrücken und die Aprikosenmarmelade mit einem Spritzbeutel mit kleiner Tülle in die Vertiefung füllen. Anschließend im vorgeheizten Backofen 10–12 Minuten backen.

5. Die fertigen Plätzchen aus dem Backofen nehmen und abkühlen lassen. Den Puderzucker mit dem Zitronensaft vermischen und den Guss im Zick-Zack-Muster über die nebeneinander liegenden Plätzchen fließen lassen.

Tipp:

Kleine Spritztüten zum Dekorieren lassen sich ganz leicht selbst herstellen: Falten Sie eine kleine Tüte aus Pergamentpapier und schneiden Sie unten ganz fein die Spitze ab. So lassen sich Plätzchen mit einem Strahl Kuvertüre oder dickflüssigem Zuckerguss in beliebiger Stärke verzieren.

Baiser-Plätzchen

Zutaten:
Ergibt ca. 40 Stück

Für den Teig:
4 Eiweiß
1 Prise Salz
300 g Zucker
2 Päckchen Vanillezucker

Zum Bestäuben:
Kakaopulver

Zubereitung:

1. Die Zutaten genau abmessen und bereitstellen.

2. Die Eiweiße mit dem Salz in eine saubere und vor allem fettfreie Schüssel geben. Mit den Rührbesen des Handrührgerätes zu schnittfestem Eischnee schlagen.

3. Den Zucker und den Vanillezucker langsam unter ständigem Weiterschlagen in die Eischneemasse einrieseln lassen.

4. Den Backofen auf 80 °C (Umluft 60 °C) vorheizen. Den Eischnee in einen Spritzbeutel mit einer Sterntülle füllen und verschiedene Formen auf ein mit Backpapier belegtes Backblech spritzen. Den Kakao durchsieben und einige Formen damit fein bestäuben.

5. Die Baiser-Plätzchen im vorgeheizten Backofen 4–5 Stunden trocknen lassen.

Tipp:

Die Schüssel, in der das Eiweiß geschlagen wird, muss absolut sauber und fettfrei sein, da der Eischnee sonst nicht fest wird!

Tipp:

Achten Sie darauf, dass die verwendeten Bananen den richtigen Reifegrad haben: Grüne Bananen lassen sich nicht gut mit der Gabel zerdrücken und sind auch nicht so aromatisch. Sehr reife Bananen sollten im Fruchtfleisch keine braunen Stellen aufweisen.

Bananen-Schoko-Gebäck

Zutaten:

Ergibt ca. 70 Stück

Für den Teig:
2 mittelgroße Bananen
220 g Mehl
1 TL Backpulver
1 Prise Salz
80 g Butter oder Margarine
70 g Zucker
70 g brauner Zucker
1 Ei
1 TL Bourbon-Vanillezucker
100 g Walnusskerne
200 g Schokoladenstreusel

Zubereitung:

1. Die Zutaten genau abmessen und bereitstellen.

2. Die Bananen schälen, auf einem Brett klein schneiden und mit einer Gabel zerdrücken. Von der zerdrückten Masse werden ca. 200 g benötigt.

3. Das Mehl und das Backpulver sieben, das Salz dazugeben und alles miteinander vermischen. Mit den Rührbesen des Handrührgerätes die Butter, den Zucker und den braunen Zucker gut verrühren. Die zerdrückte Banane, das Ei und den Bourbon-Vanillezucker dazugeben und weiter rühren. Die Mehlmischung hinzugeben und alles bei niedriger Geschwindigkeit zu einem gleichmäßigen Teig verarbeiten.

4. Den Backofen auf 190 °C (Umluft 170 °C) vorheizen.

5. Die Walnusskerne auf einem Küchenbrett mit einem Hack- oder Wiegemesser fein hacken. Die Schokoladenstreusel und die gehackten Walnüsse unter den Teig rühren.

6. Den Teig in einen Spritzbeutel füllen und mit einer großen Zackentülle kleine Häufchen auf ein mit Backpapier belegtes Blech spritzen, dabei zwischen den einzelnen Häufchen Abstand lassen. Im vorgeheizten Backofen ca. 12 Minuten backen.

Butterbrote

Zutaten:
Ergibt ca. 70 Stück

Für den Teig:
250 g Butter
250 g Zucker
250 g gemahlene Mandeln
250 g Mehl
1 Prise Salz

Für den Guss:
2 Eiweiß
250 g Zucker

Zubereitung:

1. Die Zutaten genau abmessen und bereitstellen.
2. Die Butter, den Zucker, die Mandeln, das Mehl und das Salz zu einem Teig verkneten. Den Teig im Kühlschrank ca. 1 Stunde kalt stellen.
3. Den Backofen auf 180 °C (Umluft 160 °C) vorheizen.
4. Den Teig auf einer bemehlten Arbeitsfläche mit einem Nudelholz ca. 5 mm dick ausrollen.

5. Für den Guss die Eiweiße zu einem festen Eischnee schlagen und den Zucker langsam einrieseln lassen. Der Eischnee ist fest genug, wenn er aus der umgedrehten Schüssel nicht ausläuft.

6. Die Eischneemasse gleichmäßig auf dem Teig verteilen. Den Teig nach Belieben in Stückchen schneiden und im vorgeheizten Backofen ca. 12 Minuten backen.

Tipp:

Statt mit der Eiweißglasur können Sie die Plätzchen auch unbestrichen backen und sie anschließend mit einem einfachen Zuckerguss bestreichen. Vor allem Kinder lieben es, diese dann mit Schoko- oder Zuckerstreuseln zu verzieren!

Buttergebäck

Zutaten:

Ergibt ca. 80 Stück

Für den Teig:
125 g Butter
125 g Zucker
1 Prise Salz
1 TL abgeriebene Schale einer unbehandelten Zitrone
5 Eigelb
280 g Mehl

Zum Verzieren:
1–2 Eigelb zum Bestreichen

Varianten:

Verzieren Sie die Plätzchen nach Ihren Vorstellungen mit Zuckerdeko oder bunten Streuseln.

Stechen Sie die Plätzchen mit lustigen Förmchen, wie Hände oder Füße, aus und verzieren Sie sie nach dem Backen mit bunter Zuckerschrift oder mit Zuckerperlen. Diese Plätzchen sind bei Kindern besonders beliebt und eignen sich z.B. für einen Kindergeburtstag!

Zubereitung:

1. Die Zutaten genau abmessen und bereitstellen.

2. Die Butter, den Zucker, das Salz und die Zitronenschale mit den Knethaken des Handrührgerätes verrühren. Dabei nach und nach die Eigelbe hinzufügen. Das Mehl sieben und mit der Butter-Zucker-Masse verkneten. Anschließend ca. 1 Stunde kalt stellen.

3. Den Backofen auf 190 °C (Umluft 170 °C) vorheizen.

4. Den Teig mit einem Nudelholz ca. 3 mm dick ausrollen. Dabei das Nudelholz mit Mehl bestäuben, damit der Teig nicht daran haften bleibt.

5. Mit Ausstechförmchen verschiedene Formen ausstechen und auf ein mit Backpapier belegtes Backblech geben. Das Eigelb verrühren, die Plätzchen damit bestreichen und ca. 10 Minuten backen. Auskühlen lassen.

Dinkel-Schoko-Kleckse

Zutaten:

Ergibt ca. 70 Stück

Für den Teig:
180 g Zucker
3 Eier
100 g gemahlene Mandeln
100 g Schokoflocken
300 g Dinkelmehl Type 650
½ TL Backpulver
1 TL Zimt

Zum Verzieren:
Schokoladenglasur
25 g gehackte Pistazien

Zubereitung:

1. Die Zutaten genau abmessen und bereitstellen.

2. Den Zucker und die Eier mit den Rührbesen des Handrührgerätes zu einer schaumigen Masse rühren.

3. Die Mandeln und die Schokoflocken mit einem Rührlöffel unterheben. Das Mehl und das Backpulver durchsieben, mit dem Zimt vermengen und in die Masse geben. Mit dem Rührlöffel zu einem glatten, nicht zu festen Teig verarbeiten.

4. Den Backofen auf 180 °C (Umluft ca. 160 °C) vorheizen.

5. Den Teig in einen Spritzbeutel mit Sterntülle füllen und kleine Kleckse auf ein mit Backpapier belegtes Blech spritzen. Im vorgeheizten Backofen 15–20 Minuten backen und anschließend auskühlen lassen.

6. Die Schokoladenglasur im heißen Wasserbad erwärmen. Die Kleckse mit der oberen Seite in die Glasur eintauchen und auf ein mit Pergamentpapier belegtes Brett setzen. Sofort mit den Pistazien bestreuen, damit diese an der noch weichen Glasur haften bleiben.

Gewürzecken

Zutaten:

Ergibt ca. 60 Stück

Für den Teig:
175 g Sultaninen
3 EL Instant-Kaffee
200 g Zucker
2 EL Kakao
175 g Butter
65 g Puderzucker
3 Eier
1 Päckchen Vanillezucker
1 Prise Muskatnuss
1 TL Zimt
½ TL Kardamom
1 EL Rum
300 g Mehl
1 TL Backpulver
1 Prise Salz

Zum Verzieren:
80 g weiße Kuvertüre

Zubereitung:

1. Die Zutaten genau abmessen und bereitstellen.

2. Die Sultaninen klein schneiden. 250 ml Wasser mit dem Instant-Kaffee verrühren. Alles zusammen mit dem Zucker und dem Kakao unter ständigem Rühren 15 Minuten köcheln. Abkühlen lassen.

3. Den Backofen auf 190 °C (Umluft 170 °C) vorheizen.

4. Die Butter schaumig rühren. Den Puderzucker darübersieben und zusammen mit den Eiern, dem Vanillezucker, den Gewürzen und dem Rum unter die Butter rühren. Das Mehl mit dem Backpulver mischen, über die Butter-Eier-Gewürz-Masse sieben und verrühren. Zum Schluss die kalte Sultaninenmasse unter den Teig mischen.

5. Den Teig auf ein mit Backpapier belegtes Blech streichen und sofort im vorgeheizten Backofen 15–20 Minuten backen. Anschließend abkühlen lassen.

6. Die fertige Teigplatte in Würfel schneiden, aber nicht auseinandernehmen. Die weiße Kuvertüre im Wasserbad schmelzen, in einen Spritzbeutel (siehe Seite 9) füllen und das Gebäck damit verzieren. Sobald die Kuvertüre fast fest ist, mit einem scharfen Messer die Schnittlinien noch einmal nachfahren, damit die Kanten der Würfel schön glatt bleiben.

Tipp:

Schneller geht es, wenn man den Teig nach dem Backen einfach mit Puderzucker bestäubt und dann in die gewünschte Form schneidet.

Tipp:

Ein besonders feines, leicht karamelliges Aroma erhalten die Heidesand-Plätzchen, wenn Sie die Butter zuerst schmelzen und dabei leicht bräunen lassen. Nach dem Abkühlen wird sie wie beschrieben weiterverarbeitet.

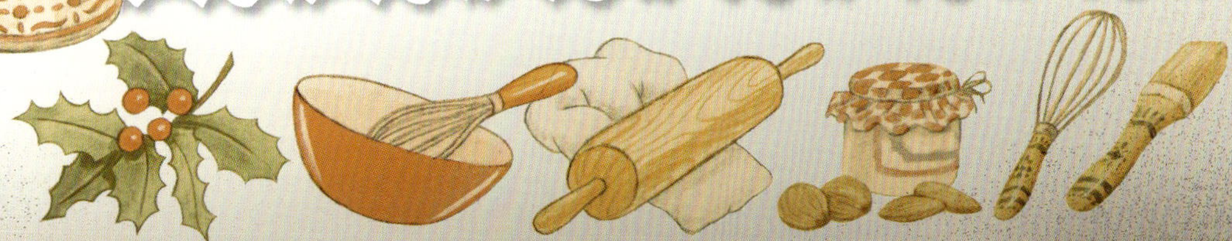

Heidesand

Zutaten:

Ergibt ca. 80 Stück

Für den Teig:
300 g Mehl
200 g Butter
100 g Puderzucker
1 Päckchen Vanillezucker
1 Ei
1 Prise Salz
1 TL Zimt
150 g Hagelzucker

Zubereitung:

1. Die Zutaten genau abmessen und bereitstellen.

2. Alle Zutaten, außer dem Hagelzucker, zu einem gleichmäßigen Teig verkneten. Den Teig nach der Zubereitung ca. 1 Stunde im Kühlschrank ruhen lassen.

3. Den Teig mit den Handflächen zu zwei Rollen mit je ca. 3–4 cm Durchmesser formen. Gleichmäßige Rollen erhält man, wenn diese zum Schluss mit einem Frühstücksbrettchen gerollt werden. Damit die Rollen nicht an der Arbeitsfläche festkleben, mit ein wenig Mehl bestäuben. Die Teigrollen über Nacht im Kühlschrank ruhen lassen.

4. Den Backofen auf 180 °C (Umluft 160 °C) vorheizen.

5. Eventuelle Mehlrückstände an den Rollen entfernen, am besten mit einem Backpinsel und Wasser. Dies ist wichtig, damit der Zucker am Teig haften bleibt. Den Hagelzucker auf der Arbeitsfläche verteilen und den Teig darin rollen, bis er ganz von Zucker umgeben ist. Mit einem scharfen Messer ca. 0,5 cm dicke Scheiben abschneiden.

6. Die Scheiben auf ein mit Backpapier ausgelegtes Blech legen und im vorgeheizten Backofen ca. 15 Minuten backen. Anschließend abkühlen lassen.

Kokos-Rum-Kugeln

Zutaten:

Ergibt ca. 80 Stück

Für den Teig:
250 g Palmin
250 g Puderzucker
250 g Kokosflocken
5 cl Rum
3 EL Kakao

Zum Verzieren:
Kokosflocken

Zubereitung:

1. Die Zutaten genau abmessen und bereitstellen.

2. Das Palmin zerlassen, aber nicht zu heiß werden lassen. Den Puderzucker sieben und mit den Kokosflocken, dem Rum und dem gesiebten Kakao gut mischen. Das zerlassene Palmin einrühren und die Masse abkühlen lassen.

3. Aus der Masse mit angefeuchteten Händen kleine gleichmäßige Kugeln formen. Die Kokos-Rum-Kugeln in den Kokosflocken wälzen, bis sie rundum damit bedeckt sind. Die fertigen Kugeln im Kühlschrank aufbewahren.

Variante:

Wälzen Sie die fertigen Kugeln statt in Kokosflocken in Schoko- oder Zartbitterstreuseln. Sie können auch die Hälfte der Kugeln mit Kokosflocken und die andere Hälfte mit Schokostreuseln bedecken. Die leckeren Kugeln sind – in einer hübschen Schachtel verpackt – auch ein beliebtes Geschenk!

Kulleraugen

Zutaten:

Ergibt ca. 40 Stück

Für den Teig:
3 Eier
250 g Mehl
1 TL Backpulver
100 g Zucker
1 Päckchen Vanillezucker
150 g Butter

Zum Verzieren:
200 g gehobelte Mandeln
rote Marmelade

Zubereitung:

1. Die Zutaten genau abmessen und bereitstellen.

2. Ein Ei trennen und das Eiweiß zur Seite stellen. Das Eigelb mit den restlichen 2 Eiern, dem Mehl, dem Backpulver, dem Zucker, dem Vanillezucker und der Butter zu einem Knetteig verarbeiten.

3. Den Teig ausrollen und runde Plätzchen ausstechen. In der Mitte mit dem Stiel eines Kochlöffels eine kleine Vertiefung drücken.

4. Den Backofen auf 180 °C (Umluft 160 °C) vorheizen.

5. Die Plätzchen mit dem Eiweiß bestreichen und in die Vertiefung jeweils einen Klecks Marmelade setzen. Den Rand mit den Mandelblättchen bestreuen. Im vorgeheizten Backofen 10–12 Minuten backen.

Mandelsplitter

Zutaten:
Ergibt ca. 35 Stück

Für den Teig:
100 g Vollmilchschokolade
100 g Mandelstifte

Zum Verzieren:
einige Mandelstifte

Zubereitung:

1. Die Zutaten genau abmessen und bereitstellen.

2. Die Schokolade in eine Schüssel geben und im heißen Wasserbad langsam schmelzen lassen. Die Mandelstifte in die flüssige Schokolade geben und untermischen.

3. Ein Brett oder Blech mit Backpapier belegen, damit sich die Mandelsplitter nach dem Trocknen gut lösen lassen. Mit zwei Teelöffeln kleine Mandelsplitter daraufsetzen. Jeweils mit 2 Mandelstiften ohne Schokolode dekorieren.

4. Die Mandelsplitter mehrere Stunden kühl stellen, damit sie fest werden. Auf keinen Fall in den Kühlschrank stellen, da die Schokolade dann weiß anläuft.

Variante:

Eine köstliche Abwandlung dieses Rezepts, die vor allem Kinder lieben, sind Schoko-Crossies: Ersetzen Sie die Mandeln durch die gleiche Menge Cornflakes. Sie können auch 50 g Mandeln und 50 g Cornflakes nehmen. Die weitere Verarbeitung erfolgt wie im Rezept beschrieben.

Tipp:

Dieses Rezept ist ideal, um Schokoladenreste zu verwerten, wie zum Beispiel übrig gebliebene Osterhasen oder Nikoläuse. Sie können die Mandelsplitter auch mit weißer Schokolade oder mit Zartbitterschokolade herstellen.

Mohnkringel

Zutaten:

Ergibt ca. 50 Stück

Für den Teig:
175 g Butter
100 g Zucker
1 Päckchen Vanillezucker
330 g Mehl
1 TL Backpulver
1 Ei
100 g Mohn
1 Prise Salz
60 ml Milch

Zum Verzieren:
Puderzucker

Zubereitung:

1. Die Zutaten genau abmessen und bereitstellen.

2. Die Butter mit den Rührbesen des Handrührgerätes schaumig rühren. Langsam den Zucker und den Vanillezucker einrieseln lassen und verrühren.

3. Das Mehl mit dem Backpulver durchsieben und zusammen mit dem Ei, dem Mohn und dem Salz in die Butter-Zucker-Masse einrühren. Esslöffelweise so viel von der Milch unterrühren, bis der Teig geschmeidig, aber nicht flüssig ist.

4. Den Backofen auf 180 °C (Umluft 160 °C) vorheizen.

5. Auf einen Fleischwolf den Vorsatz für Kleingebäck (Durchmesser ca. 7 mm) aufdrehen, den Teig hindurch drücken und zu Kreisen formen. Wer keinen Fleischwolf mit Gebäckaufsatz besitzt, kann den Plätzchenteig auch mit einem Spritzbeutel mit Zackentülle direkt aufs Backblech spritzen.

6. Die Plätzchen auf ein mit Backpapier belegtes Blech legen und im vorgeheizten Backofen 15–20 Minuten backen. Auf einem Kuchengitter auskühlen lassen und zum Schluss mit Puderzucker bestäuben.

Tipp:

Besonders lecker schmecken die Mohnkringel, wenn sie noch zusätzlich in flüssige Kuvertüre getaucht werden!

Tipp:

Haselnüsse schmecken besonders gut, wenn sie vor dem Verarbeiten geröstet werden: Die Nüsse auf ein Backblech legen und bei 200 °C im Backofen rösten, bis die Haut aufspringt. Nach dem Abkühlen die Schale mit den Händen abreiben und die Nüsse mahlen.

Mokkaplätzchen

Zutaten:

Ergibt ca. 60 Stück

Für den Teig:
125 g weiche Butter oder Margarine
90 g Zucker
1 Päckchen Vanillezucker
1 Ei
100 g Mehl
1 TL Backpulver
1 Prise Salz
60 g gemahlene Haselnüsse
2 EL Instant-Kaffee

Für den Guss:
150 g Puderzucker
1 EL Instant-Kaffee
60 Mokkabohnen aus Schokolade

Zubereitung:

1. Die Zutaten genau abmessen und bereitstellen.

2. Die Butter cremig rühren und den Zucker, den Vanillezucker und das Ei unterrühren. Das Mehl mit dem Backpulver sieben und zusammen mit dem Salz, den Haselnüssen und dem Kaffee untermischen. Den Teig ca. 15 Minuten kalt stellen.

3. Den Backofen auf 200 °C (Umluft 180 °C) vorheizen.

4. Mit zwei Teelöffeln kleine Häufchen auf ein mit Backpapier ausgelegtes Backblech setzen und ca. 8 Minuten backen. Anschließend abkühlen lassen.

5. Den Puderzucker mit dem Instant-Kaffee und so viel heißem Wasser verrühren, dass ein cremiger Guss entsteht. Die ausgekühlten Plätzchen mit dem Guss bestreichen und mit jeweils einer Mokkabohne verzieren.

Schmandkringel

Zutaten:

Ergibt ca. 40 Stück

Für den Teig:
125 g Mehl
2 EL Schmand oder
  Crème double
100 g weiche Butter oder
  Margarine
50 g Zucker
1 Prise Salz

Zum Verzieren:
1 Eigelb zum Bestreichen
50 g Hagelzucker

Zubereitung:

1. Die Zutaten genau abmessen und bereitstellen.

2. Das Mehl sieben und zusammen mit dem Schmand, der Butter, dem Zucker und dem Salz zügig mit den Knethaken des Handrührgerätes verkneten. Den Teig in Frischhaltefolie einschlagen und 2 Stunden zum Ruhen in den Kühlschrank stellen.

3. Den Backofen auf 180 °C (Umluft 160 °C) vorheizen.

4. Die Arbeitsfläche leicht mit Mehl bestäuben und den Teig mit einem Nudelholz dünn ausrollen. Zuerst mit einem gezackten Plätzchenausstecher Kringel ausstechen. Dann mit einem kleinen runden Ausstecher das Loch in der Mitte ausstechen. Die Kringel auf ein mit Backpapier belegtes Blech setzen.

5. Das Eigelb verrühren, die Kringel damit bestreichen und mit Hagelzucker bestreuen. Im vorgeheizten Backofen ca. 15 Minuten backen. Anschließend abkühlen lassen.

Variante:

Mit einem leichten Schokoladengitter verziert, sehen die Schmandkringel nicht nur unwiderstehlich aus – sie schmecken auch so! Schmelzen Sie dafür 50 g Kuvertüre im Wasserbad, füllen Sie sie in eine Spritztüte und dekorieren Sie die Kringel damit.

Schoko-Haferflocken-Tupfer

Zutaten:

Ergibt ca. 50 Stück

Für den Teig:

50 g Sonnenblumenkerne
50 g Rosinen
120 g zarte Haferflocken
100 g Butter
3 EL Zucker
3 Eier
1 Päckchen Bourbon-Vanillezucker
1 Prise Salz
50 g Mehl
1 TL Backpulver
100 g Schokoladentropfen

Zubereitung:

1. Die Zutaten genau abmessen und bereitstellen.

2. Die Sonnenblumenkerne und die Rosinen jeweils getrennt grob hacken. Die Haferflocken und die Sonnenblumenkerne in einer Pfanne mit der Butter und dem Zucker ca. 5 Minuten unter Rühren karamellisieren. Danach auf einem flachen Teller auskühlen lassen.

3. Die Eier, den Vanillezucker und das Salz mit den Rührbesen des Handrührgerätes cremig rühren. Das Mehl mit dem Backpulver mischen und zusammen mit den karamellisierten Haferflocken und Sonnenblumenkernen sowie den klein gehackten Rosinen unter die Eiermasse rühren. Zum Schluss die Schokoladentropfen dazugeben.

4. Den Backofen auf 180 °C (Umluft 160 °C) vorheizen.

5. Mit zwei Teelöffeln kleine Tupfen auf ein mit Backpapier ausgelegtes Blech setzen. Im vorgeheizten Backofen 10–12 Minuten backen.

Tipp:

Die Sonnenblumenkerne können Sie problemlos durch eine Kernemischung oder gehackte Nüsse ersetzen. Diese werden dann ebenfalls zusammen mit den Haferflocken karamellisiert.

Tipp:

Köstliches Schoko-Spritzgebäck erhalten Sie, wenn Sie in den Teig noch 2 EL Kakao und 1 TL Zimt untermischen.

Spritzgebackenes

Zutaten:

Ergibt ca. 60 Stück

Für den Teig:
180 g Butter
125 g Zucker
1 Päckchen Vanillezucker
1 Prise Salz
2 Eier
225 g Mehl
150 g Speisestärke
100 g gemahlene Mandeln

Zum Verzieren:
200 g Schokoladenglasur

Zubereitung:

1. Die Zutaten genau abmessen und bereitstellen.

2. Die Butter mit dem Zucker, dem Vanillezucker und dem Salz mit den Knethaken des Handrührgerätes verrühren. Die Eier einzeln aufschlagen und zu der Masse dazugeben. Das Mehl durchsieben und zusammen mit der Speisestärke und den Mandeln in die Masse einkneten, sodass ein fester Teig entsteht.

3. Den Backofen auf 200 °C (Umluft 180 °C) vorheizen.

4. Auf einen Fleischwolf den Vorsatz für Kleingebäck aufdrehen, den Teig hindurch drücken und die geformten Plätzchen auf ein mit Backpapier belegtes Blech legen. Im vorgeheizten Backofen ca. 15 Minuten backen. Anschließend abkühlen lassen.

5. Die Glasur im Wasserbad erwärmen. Jeweils die Enden der Plätzchen in die Glasur tauchen. Zum Trocknen der Schokolade die Plätzchen auf ein mit Pergamentpapier belegtes Brett setzen.

Weingebäck

Zutaten:

Ergibt ca. 50 Stück

Für den Teig:
150 g weiche Butter
125 g Zucker
250 g Mehl
4 EL Weißwein
1 TL Zimt
½ TL abgebriebene Schale einer unbehandelten Zitrone
½ TL Backpulver

Zum Bestreichen:
1 Eiweiß
100 g Hagelzucker

Zubereitung:

1. Die Zutaten genau abmessen und bereitstellen.

2. Die Butter in einem kleinen Topf langsam zergehen lassen und dann zusammen mit den restlichen Zutaten zu einem Teig verkneten.

3. Den Backofen auf 180 °C (Umluft 160 °C) vorheizen.

4. Den Teig auf einer mit etwas Mehl bestäubten Arbeitsplatte ausrollen und mit Förmchen ausstechen. Die Plätzchen mit dem Eiweiß bestreichen und mit dem Hagelzucker bestreuen. Im vorgeheizten Backofen ca. 13 Minuten backen.

Tipp:

Das Weingebäck erhält ein wunderbares Glühweinaroma, wenn Sie statt Weißwein die gleiche Menge Rotwein hinzufügen und zusätzlich zum Zimt noch eine Messerspitze gemahlene Nelken dazugeben.

Bauernhütchen

Zutaten:

Ergibt ca. 60 Stück

Für den Teig:
300 g Mehl
125 g Butter
150 g Zucker
2 Eigelb
1 EL Schmand oder Sauerrahm

Für die Füllung:
2 Eiweiß
125 g gemahlene Mandeln
80 g Zucker

Zum Bestreichen:
1 Eiweiß
1 Eigelb

Zubereitung:

1. Die Zutaten genau abmessen und bereitstellen.

2. Aus dem Mehl, der Butter, dem Zucker, den Eigelben und dem Schmand einen Knetteig herstellen.

3. Den Backofen auf 190 °C (Umluft 170 °C) vorheizen.

4. Den Teig auf einer bemehlten Arbeitsfläche ausrollen und mit einer runden, leicht gezackten Form Kreise ausstechen. Den Rand der Kreise mit Eiweiß bestreichen.

5. Für die Füllung die beiden Eiweiße steif schlagen. Die Mandeln und den Zucker unterheben und die Masse in die Mitte der Kreise setzen. Den Rand an drei Stellen über der Füllung leicht zusammendrücken, dann die Plätzchen mit Eigelb bestreichen.

6. Im vorgeheizten Backofen 15–20 Minuten backen. Anschließend abkühlen lassen.

Tipp:

Anstatt der gemahlenen Mandeln können Sie ebensogut Ihre Lieblingsnüsse für die Füllung verwenden, z.B. gemahlene Walnüsse, Haselnüsse oder auch Pistazien.

Tipp:

Die Eierlikör-Nusstaler eignen sich nur für Erwachsene – wenn Kinder mitessen, sollten Sie den Eierlikör im Guss besser weglassen. Die Nusstaler schmecken dann immer noch sehr lecker!

Eierlikör-Nusstaler

Zutaten:

Ergibt ca. 80 Stück

Für den Teig:
150 g Walnusshälften
200 g Butter
100 g Puderzucker
1 Päckchen Vanillezucker
1 Ei
350 g Mehl

Zum Verzieren:
100 g Puderzucker
4 EL Eierlikör
einige Walnusshälften

Zubereitung:

1. Die Zutaten genau abmessen und bereitstellen.

2. Die Walnüsse auf einem Küchenbrett mit einem scharfen Messer klein hacken.

3. Die Butter, den Puderzucker, den Vanillezucker und das Ei mit den Rührbesen des Handrührgerätes schaumig rühren. Das Mehl durchsieben und mit 100 g der gehackten Walnüsse in die Buttermasse einkneten.

4. Aus dem Teig Rollen von ca. 3 cm Durchmesser formen. Die Teigrollen in den restlichen Walnüssen wälzen und im Gefrierfach leicht anfrieren lassen.

5. Den Backofen auf 180 °C (Umluft 160 °C) vorheizen.

6. Die Teigrollen in ca. 1 cm dicke Scheiben schneiden, auf ein mit Backpapier belegtes Blech legen und im vorgeheizten Backofen ca. 15 Minuten backen. Anschließend auskühlen lassen.

7. Für die Glasur den Puderzucker durchsieben und mit dem Eierlikör zu einer gleichmäßigen Masse verrühren. Die Glasur auf die Plätzchen streichen und mit Walnusshälften dekorieren.

Flammende Herzen

Zutaten:

Ergibt ca. 60 Stück

Für den Teig:
400 g Mehl
230 g Butter
150 g Zucker
1 Ei
1 Prise Salz
1 TL abgeriebene Schale einer unbehandelten Zitrone

Zum Füllen und Dekorieren:
rote Konfitüre, z. B. Himbeere
Puderzucker

Zubereitung:

1. Die Zutaten genau abmessen und bereitstellen.

2. Das Mehl auf eine Arbeitsplatte sieben und in die Mitte eine Mulde drücken. Die Zutaten für den Teig hineingeben und alles zu einem geschmeidigen Teig verkneten. 2 Stunden im Kühlschrank ruhen lassen.

3. Ein Backblech mit Backpapier auslegen. Den Backofen auf 200 °C (Umluft 180 °C) vorheizen.

4. Auf einem bemehlten Backbrett oder einer Arbeitsfläche den Teig 3–4 mm dick ausrollen. Mit einem großen Herz-Ausstechförmchen Herzen in gleicher Anzahl ausstechen. Aus der Hälfte der Herzen mit einer kleinen Herz-Ausstechform in der Mitte ein kleines Herz ausstechen.

5. Die Plätzchen auf das Backblech legen und im vorgeheizten Backofen 8–10 Minuten goldbraun backen. Herausnehmen, auf dem Blech kurz abkühlen lassen und dann auf einem Kuchengitter vollständig auskühlen lassen.

6. Die Konfitüre kurz aufkochen und die Plätzchen ohne herzförmiges Loch in der Mitte damit bestreichen. Die Plätzchen mit herzförmigem Loch darauflegen und mit Puderzucker bestäuben.

WECK

Grießplätzchen

Zutaten:

Ergibt ca. 60 Stück

Für den Teig:
100 g Grieß
100 ml Milch
3 EL Rum
100 g Zucker
80 g weiche Butter oder Margarine
1 Päckchen Vanillezucker
1 Eigelb
1 Prise Salz
150 g Mehl
1 TL Backpulver
etwas Zucker-Zimt-Mischung

Zubereitung:

1. Die Zutaten genau abmessen und bereitstellen.

2. Den Grieß in der kalten Milch und dem Rum ca. 30 Minuten einweichen.

3. Den Zucker mit der weichen Butter, dem Vanillezucker, dem Eigelb und dem Salz schaumig rühren, bis eine dickflüssige Masse entstanden ist. Das Mehl mit dem Backpulver in eine Schüssel sieben und nach und nach die Grießmasse und die Buttercreme unterrühren.

4. Den Backofen auf 180 °C (Umluft 160 °C) vorheizen.

5. Ein Backblech mit Backpapier auslegen. Von dem Teig kleine Portionen abstechen und zu Kugeln formen. Diese kopfüber in die Zucker-Zimt-Mischung tauchen, ein wenig flach drücken und auf das Backblech setzen. Im vorgeheizten Backofen 12–15 Minuten backen. Anschließend abkühlen lassen.

Tipp:

Eine Zucker-Zimt-Mischung können Sie ganz einfach selbst herstellen: Vermischen Sie 4 Esslöffel Zucker mit 1 Teelöffel Zimt und füllen Sie die Mischung in ein Schraubglas. So haben Sie immer etwas davon vorrätig.

Kaffee-Plätzchen

Zutaten:

Ergibt ca. 45 Stück

Für den Teig:
250 g Mehl
50 g Speisestärke
1 TL Backpulver
1 EL Kakao
125 g Zucker
2 Tropfen Bittermandelaroma
1 Ei
4 EL Milch
125 g Butter

Für die Füllung:
25 g Zucker
1 TL Vanillezucker
1 TL Kakao
1 EL Rum
1 EL starker, heißer Kaffee
50 g gehackte Mandeln
125 g zerlassenes Palmin

Für den Guss:
100 g Puderzucker
3 EL starker, heißer Kaffee
2 EL zerlassene Butter

Zubereitung:

1. Die Zutaten genau abmessen und bereitstellen.

2. Das Mehl, die Speisestärke, das Backpulver und den Kakao in eine Rührschüssel sieben. Den Zucker, das Bittermandelaroma, das Ei, die Milch und die Butter hinzufügen und alle Zutaten mit den Knethaken des Handrührgerätes gut verrühren. Den Teig mit den Händen noch einmal gut durchkneten.

3. Den Backofen auf 200 °C (Umluft 180 °C) vorheizen.

4. Den Teig halbieren und jede Hälfte mit einem Nudelholz ca. 3 mm dick ausrollen. Damit der Teig nicht klebt, das Nudelholz und die Arbeitsfläche mit Mehl bestäuben. Mit einem Förmchen Plätzchen ausstechen. Die ausgestochenen Plätzchen auf ein mit Backpapier ausgelegtes Blech legen und im vorgeheizten Backofen 10–12 Minuten backen. Abkühlen lassen.

5. Für die Füllung den Zucker, den Vanillezucker, den Kakao, den Rum, den heißen Kaffee und die Mandeln gut vermischen. Zum Schluss das zerlassene Palmin einrühren.

6. Die gebackenen Plätzchen auf ein Blech auslegen und mit der noch warmen Masse füllen. Dazu jeweils ein Plätzchen – am besten mit einem Messer – bestreichen und ein zweites Plätzchen als Deckel daraufsetzen.

7. Für den Guss den gesiebten Puderzucker mit dem heißen Kaffee und der flüssigen Butter gut verrühren. Mit einem Kuchenpinsel die noch warmen, gefüllten Plätzchen damit bestreichen.

Tipp:

Die Zubereitung im Topf ist bei weitem nicht so kompliziert, wie sie klingt. Am besten beginnen Sie mit wenig Hitze und prüfen immer wieder, wie heiß die Kokosmasse ist. Das geht am besten mit einem Lebensmittel-Thermometer. Die Temperatur darf auf keinen Fall über 60 °C steigen, da dann das Eiweiß zu stocken beginnt. Während des Rührens sollte aus der Masse allmählich ein klebrig-süßer Kokosteig werden, dem Sie bei Bedarf 1–2 Esslöffel Wasser zugeben können.

Wenn Sie die Kokosmakronen nach der Topf-Methode zubereiten, bleiben sie nach dem Backen innen schön saftig!

Kokos-Quark-Makronen

Zutaten:

Ergibt ca. 60 Stück

Für den Teig:

5 Eiweiß
250 g Zucker
1 Päckchen Vanillezucker
65 g Magerquark
4 Tropfen Bittermandelaroma
200 g Kokosraspeln

Zubereitung:

1. Die Zutaten genau abmessen und bereitstellen.

2. In einem Topf bei schwacher Hitze die ungeschlagenen Eiweiße, den Zucker, den Vanillezucker, den Quark und das Bittermandelaroma verrühren. Dann die Kokosraspeln hinzugeben. So lange rühren, bis die Masse auf 50 bis 60 °C erhitzt ist, damit zwar der Zucker schmilzt, das Eiweiß aber nicht stockt. Wenn die Masse zäh, aber nicht flüssig ist, den Topf vom Herd nehmen und etwas abkühlen lassen.

3. Den Backofen auf 190 °C (Umluft 170 °C) vorheizen.

4. Ein Backblech mit Backpapier oder Oblaten auslegen. Die Kokosmasse in einen Spritzbeutel mit großer Tülle füllen und Häufchen auf das Backpapier setzen. Im vorgeheizten Backofen 12–15 Minuten backen. Dabei gegen Ende der Backzeit die Farbe kontrollieren: Wenn die Makronen zu dunkel werden, die Temperatur reduzieren und sie etwas länger im Ofen lassen.

Nugat-Marzipan-Plätzchen

Zutaten:

Ergibt ca. 80 Stück

Für den Teig:
300 g Mehl
60 g Zucker
1 Ei
180 g Butter
100 g Marzipan
50 g Nugat

Zum Füllen:
150 g Nugat

Zum Verzieren:
50 g Kuvertüre

Zubereitung:

1. Die Zutaten genau abmessen und bereitstellen.
2. Das Mehl, den Zucker, das Ei, die Butter, das Marzipan und den Nugat zu einem Knetteig verarbeiten und ca. 1 Stunde im Kühlschrank ruhen lassen.
3. Den Backofen auf 180 °C (Umluft 160 °C) vorheizen.
4. Den Teig ausrollen und eine gerade Anzahl verschiedener Formen ausstechen. Auf ein mit Backpapier ausgelegtes Backblech legen und 10–12 Minuten backen.
5. Für die Füllung den Nugat im Wasserbad erwärmen. Je zwei gleiche Formen aussuchen, jeweils die Unterseite der Plätzchen mit der Nugatmasse bestreichen und die beiden Hälften zusammenkleben.
6. Die Kuvertüre im Wasserbad schmelzen und die fertigen Plätzchen damit verzieren.

Tipp:

Schneller geht es, wenn Sie anstatt des Nugats einen Nuss-Nugat-Aufstrich aus dem Glas verwenden. Dann entfällt das Erwärmen des Nugats im Wasserbad.

Schokozungen

Zutaten:

Ergibt ca. 35 Stück

Für den Teig:
160 g Butter
140 g Zucker
2 Eier
1 Eigelb
200 g Mehl
50 g Kakaopulver
1 Prise Salz
½ TL Backpulver
3 Tropfen Bittermandelöl

Für die Füllung:
Aprikosenmarmelade

Für den Guss:
weiße Schokoladenkuvertüre

Zubereitung:

1. Die Zutaten genau abmessen und bereitstellen.

2. Die Butter, den Zucker, die Eier und das Eigelb mit den Rührbesen des Handrührgerätes verrühren. Das Mehl durchsieben und nach und nach in die Masse einrühren. Den Kakao ebenfalls durchsieben und in den Teig einrühren. Man kann auch den Kakao und das Mehl mischen und beides zusammen in die Masse geben.

3. Den Backofen auf 180 °C (Umluft 160 °C) vorheizen.

4. Den Teig in einen Spritzbeutel, z.B. mit einer Sternbandtülle, füllen und direkt auf ein mit Backpapier belegtes Blech spritzen. Im vorgeheizten Backofen 15–18 Minuten backen. Die Plätzchen auskühlen lassen und auf eine Innenseite Aprikosenmarmelade streichen. Ein zweites Plätzchen als Deckel daraufsetzen.

5. Die Kuvertüre im Wasserbad erwärmen, die Plätzchen zu ca. einem Drittel eintauchen und zum Trocknen auf ein mit Pergamentpapier belegtes Brett legen.

Tipp:

Sie können die Plätzchen auch in verschiedenen Formen backen. Verwenden Sie dafür unterschiedliche Tüllen als Spritzbeutelaufsatz.

Tipp:

Wenn Ihnen das Verzieren mit dunkler und heller Kuvertüre zu aufwendig ist, können Sie die Terrassenplätzchen auch einfach mit Puderzucker bestäuben. Das sieht ebenfalls sehr schön aus und Sie sparen sich die Zeit, die die Kuvertüre im Wasserbad zum Schmelzen benötigt.

Terrassenplätzchen

Zutaten:

Ergibt ca. 60 Stück

Für den Teig:
1 Vanilleschote
400 g Mehl
250 g Butter
130 g Zucker
1 Ei
1 Prise Salz

Zum Füllen und Dekorieren:
100 g Nugatmasse
dunkle und helle Kuvertüre

Zubereitung:

1. Die Zutaten genau abmessen und bereitstellen.

2. Die Vanilleschote mit einem scharfen Messer der Länge nach aufritzen und das Mark herauskratzen.

3. Das Mehl auf eine Arbeitsplatte sieben und in die Mitte eine Mulde drücken. Die Butter, den Zucker, das Ei, das Salz und das Vanillemark hineingeben. Alles zu einem geschmeidigen Teig verkneten und den Teig für 2 Stunden im Kühlschrank ruhen lassen.

4. Ein Backblech mit Backpapier auslegen. Den Backofen auf 200 °C (Umluft 180 °C) vorheizen.

5. Auf einer bemehlten Arbeitsfläche den Teig 3–4 mm dick ausrollen. Mit 3 unterschiedlich großen Herz-Ausstechförmchen Herzen in jeweils gleicher Anzahl ausstechen und auf das Backblech legen.

6. Im vorgeheizten Backofen 8–10 Minuten goldbraun backen. Herausnehmen, auf dem Blech kurz abkühlen lassen und dann auf einem Kuchengitter vollständig auskühlen lassen.

7. Die Nugatmasse im Wasserbad schmelzen und jeweils ein großes und ein mittleres Plätzchen damit bestreichen. Terrassenförmig aufeinandersetzen und das kleine Plätzchen obendrauf legen.

8. Die helle und die dunkle Kuvertüre jeweils im Wasserbad schmelzen, in einen Spritzbeutel (siehe Seite 9) füllen und die Plätzchen mit einem hübschen Streifenmuster verzieren.

Vanillekipferl

Zutaten:

Ergibt ca. 60 Stück

Für den Teig:
300 g Mehl
50 g gemahlene Haselnüsse
50 g gemahlene Mandeln
100 g Zucker
1 Päckchen Vanillezucker
1 Prise Salz
2 Eigelb
200 g kalte Butter

Zum Bestäuben:
100 g Puderzucker
3 Päckchen Vanillezucker

Zubereitung:

1. Die Zutaten genau abwiegen und bereitstellen.

2. Das Mehl in eine Schüssel sieben, die gemahlenen Haselnüsse und Mandeln sowie den Zucker, den Vanillezucker, das Salz und die Eigelbe hinzufügen. Die Butter in Flöckchen dazugeben und alle Zutaten zu einem glatten Teig verkneten. Den Teig in Frischhaltefolie wickeln und 1–2 Stunden im Kühlschrank ruhen lassen.

3. Den Backofen auf 180 °C (Umluft 160 °C) vorheizen.

4. Den Teig in Portionen teilen und diese zu bleistiftdicken Strängen rollen. Jeden Teigstrang in ca. 5 cm lange Stücke schneiden. Die Enden jeweils etwas dünner rollen, sodass sie spitz zulaufen. Dann die Röllchen zu kleinen Hörnchen biegen und auf ein mit Backpapier ausgelegtes Blech legen. Im vorgeheizten Backofen ca. 12 Minuten backen.

5. Den Puderzucker auf einen Teller sieben, mit dem Vanillezucker mischen und die noch warmen Kipferl vorsichtig darin wenden, bis sie vollständig von der Zuckerschicht umhüllt sind. Wer möchte, kann den Puderzucker auch mit einem Sieb über die noch warmen Plätzchen streuen.

Tipp:

Backen Sie zunächst einige Kipferl zur Probe. Sollten sie die Form nicht halten und flach verlaufen, dann können Sie dem Teig noch etwas Mehl und Mandeln hinzufügen, damit er fester wird.

Tipp:

Wer es gerne schokoladig mag, kann die Hörnchen zusätzlich mit Schokotropfen oder Schokoraspeln füllen. Auch kleine Nugatstückchen oder Marzipan passen gut dazu.

Zimthörnchen

Zutaten:

Ergibt ca. 50 Stück

Für den Teig:
1 Ei
350 g Mehl
1 TL Backpulver
100 g Puderzucker
200 g kalte Butter
4 EL Milch
1 Prise Salz
Zucker-Zimt-Mischung
100 g gehobelte Mandeln

Zum Verzieren:
Zucker-Zimt-Mischung

Zubereitung:

1. Die Zutaten genau abmessen und bereitstellen.

2. Das Ei trennen und das Eiweiß beiseitestellen. Das Mehl, das Backpulver, den Puderzucker, die Butter, die Milch, das Eigelb und das Salz zu einem Knetteig verarbeiten. Den Teig in 6 gleich große Portionen aufteilen, in Klarsichtfolie einpacken und ca. 1 Stunde kalt stellen.

3. Den Backofen auf 180 °C (Umluft 160 °C) vorheizen.

4. Jede Portion jeweils zu einem Kreis mit ca. 22 cm Durchmesser ausrollen. Nehmen Sie einen Teller oder Ähnliches zur Hilfe und schneiden Sie den Teig kreisförmig aus.

5. Mit Hilfe eines Pizzaschneiders oder eines Messers teilen Sie den runden Teig in 8 gleich große Stücke.

6. Den Teig mit dem Eiweiß bestreichen und mit etwas Zucker-Zimt-Mischung bestreuen. Anschließend den Teig von der breiten Seite her aufrollen und zu Hörnchen formen.

7. Die fertig geformten Hörnchen auf ein mit Backpapier belegtes Backblech legen, mit Eiweiß bestreichen und mit etwas Zucker-Zimt-Mischung und den gehobelten Mandeln bestreuen. Im vorgeheizten Backofen 12–15 Minuten backen.

Anisplätzchen

Zutaten:

Ergibt ca. 120 Stück

Für den Teig:
225 g Puderzucker
3 Eier
225 g Mehl
1 ½ TL gemahlener Anis

Zubereitung:

1. Die Zutaten genau abmessen und bereitstellen.

2. Den Puderzucker durchsieben und zusammen mit den Eiern mit den Rührbesen des Handrührgerätes mindestens 10 Minuten auf höchster Stufe zu einer hellen Creme schlagen.

3. Das Mehl durchsieben. Den Anis und das Mehl nach und nach in die Zuckermasse einrühren. Die Masse muss dann weiß und sehr zähflüssig sein und kleine Blasen werfen.

4. Die Masse in einen Spritzbeutel mit einer Lochtülle füllen.

5. Ein mit Backpapier belegtes Blech mit etwas Margarine bestreichen und mit Mehl bestäuben. Ca. 3 cm große Häufchen mit etwas Abstand auf das Blech spritzen.

6. Die Häufchen sollen an der Oberfläche glatt sein. Bei Zimmertemperatur ca. 3 Stunden antrocknen lassen.

7. Den Backofen auf 180 °C (Umluft 160 °C) vorheizen und die Plätzchen ca. 15 Minuten backen. Sie sollten auf einem kleinen „Füßchen“ stehen und eine weiße Haube bekommen. Gelingen die kleinen „Füßchen“ nicht, schmecken die Anisplätzchen trotzdem!

Himbeer-Marzipan-Herzen

Zutaten:

Ergibt ca. 25 Stück

Für den Teig:

½ Vanilleschote
250 g Weizenmehl
125 g Puderzucker
1 TL abgeriebene Schale einer unbehandelten Zitrone
1 Ei
150 g Butter

Für die Füllung:

75 ml Milch
200 g Marzipanrohmasse
2 cl Himbeergeist

Zum Dekorieren:

150 g helle Kuvertüre
30 g Zartbitter-Kuvertüre

Zubereitung:

1. Die Zutaten genau abmessen und bereitstellen.

2. Die Vanilleschote der Länge nach mit einem spitzen Messer aufritzen und mit dem Messerrücken das Mark herausschaben.

3. Das Mehl sieben und mit dem Puderzucker, der Zitronenschale und dem Vanillemark vermischen. Auf eine Arbeitsfläche geben und in die Mitte eine Mulde drücken. Das Ei und die in Flöckchen geschnittene Butter hineingeben und alles mit den Händen zu einem festen Teig verkneten. Den Teig in Frischhaltefolie wickeln und ca. ½ Stunde kalt stellen.

4. Den Backofen auf 200 °C (Umluft 180 °C) vorheizen. Ein Backblech mit Backpapier auslegen. Den Teig auf einer bemehlten Arbeitsfläche 3–4 mm dick ausrollen. Mit einer Ausstechform Herzen ausstechen und auf das Backblech legen. Im Backofen 10–12 Minuten backen und anschließend auf einem Kuchengitter auskühlen lassen.

5. Für die Füllung die Milch erhitzen. Das Marzipan in kleinen Stücken dazugeben und so lange rühren, bis die Masse cremig ist. Abkühlen lassen und den Himbeergeist unterrühren. Die Creme in einen Spritzbeutel füllen und auf die Hälfte der Herzen spritzen. Die restlichen Plätzchen darauflegen.

6. Zum Dekorieren die helle und die dunkle Kuvertüre jeweils getrennt im Wasserbad schmelzen. Die Herzen mit der hellen Kuvertüre bestreichen. In einen zweiten Spritzbeutel eine sehr kleine Öffnung schneiden und die dunkle Kuvertüre einfüllen. Auf den noch nicht getrockneten weißen Überzug 2–3 feine Linien ziehen. Mit einem Zahnstocher oder einem anderen spitzen Gegenstand die dunklen Kuvertürelinien in die weiße Kuvertüre ziehen, sodass ein schönes Muster entsteht.

Tipp:

Es ist wichtig, dass Sie das Gelee vor dem Füllen wie beschrieben aufkochen und dann gut trocknen lassen: Dadurch bildet sich eine Haut und das Gelee verdirbt nicht so schnell.

Johannisbeer-Makronen

Zutaten:

Ergibt ca. 80 Stück

Für den Teig:
350 g Mehl
1 TL Backpulver
100 g Zucker
1 Päckchen Vanillezucker
1 Ei
1 Prise Salz
200 g Butter

Für die Marzipan-Makronen-Masse:
600 g Marzipanrohmasse
3–4 Eiweiß

Zum Füllen und Bestreichen:
200 g rotes Johannisbeer-Gelee
3 EL Quitten-Gelee

Zubereitung:

1. Die Zutaten genau abmessen und bereitstellen.

2. Das Mehl mit dem Backpulver durchsieben und mit den restlichen Teigzutaten mit den Knethaken des Handrührgerätes zu einem glatten Teig verarbeiten. In Frischhaltefolie wickeln und ca. 1 Stunde kalt stellen.

3. Den Backofen auf 200 °C (Umluft 180 °C) vorheizen. Den Teig auf einer bemehlten Arbeitsfläche ca. 3 mm dünn ausrollen und runde Plätzchen ausstechen. Auf einem mit Backpapier belegten Blech verteilen und 6–8 Minuten backen.

4. Das Marzipan in Würfel schneiden und zusammen mit dem Eiweiß mit dem Handrührgerät so lange rühren, bis eine glatte Masse entstanden ist. Damit die Makronenmasse beim Backen nicht zerläuft, sollte sie möglichst fest sein.

5. Die Makronenmasse in einen Spritzbeutel mit Sterntülle füllen und einen Kringel auf den Rand der Plätzchen spritzen. Die Plätzchen weitere 8–10 Minuten backen.

6. Das Quitten-Gelee mit einem Esslöffel Wasser aufkochen. Das Johannisbeer-Gelee ebenfalls aufkochen. Die noch heißen Plätzchen mit dem Quitten-Gelee bestreichen. Das Johannisbeer-Gelee in die Mitte füllen und gut trocknen lassen.

Schwarz-Weiß-Gebäck

Zutaten:

Ergibt ca. 100 Stück

Für den Teig:
750 g Weizenmehl
500 g Butter
250 g Puderzucker
1 Ei
1 TL abgeriebene Schale einer unbehandelten Zitrone
1 Päckchen Vanillezucker
30 g Kakao

Zubereitung:

1. Alle Zutaten genau abwiegen und bereitstellen.

2. Das Mehl auf eine Arbeitsplatte sieben und in die Mitte eine Mulde drücken. Die Butter, den Puderzucker, das Ei, die Zitronenschale und den Vanillezucker hineingeben. Alles zu einem geschmeidigen Teig verkneten.

3. Den Teig in zwei Teile teilen und in einen Teil den Kakao einarbeiten. Beide Teige, den hellen und den dunklen, nun für ca. 1 Stunde im Kühlschrank ruhen lassen.

4. Auf einem bemehlten Backbrett die Teige der Reihe nach ca. 1 cm dick ausrollen. Jeweils eine helle und eine dunkle Teigplatte übereinanderlegen und zusammen aufrollen. Im Kühlschrank eine weitere Stunde ruhen lassen.

5. Den Backofen auf 180 °C (Umluft 160 °C) vorheizen. Ein Backblech mit Backpapier auslegen.

6. Wenn die Teigrollen fest geworden sind, mit einem scharfen Messer ca. 6–7 mm dicke Scheiben abschneiden und diese auf das Backblech legen. Im Backofen ca. 7 Minuten backen.

Variante:

Ein Schachbrettmuster erhalten Sie, wenn Sie drei Teigplatten, zwei helle und eine dunkle, ausrollen. Schneiden Sie eine helle und eine dunkle Teigplatte in 1 cm dicke Streifen und legen Sie diese versetzt neben- und übereinander. Schlagen Sie alles in die dritte helle Teigplatte ein und verfahren Sie weiter wie auf Seite 70 beschrieben.

Springerle

Zutaten:

Ergibt ca. 3 Backbleche mit Springerle in verschiedenen Größen

Für den Teig:
500 g Puderzucker
4 Eier
1 Prise Hirschhornsalz
1 EL Rum
1 EL abgeriebene Schale einer unbehandelten Zitrone
1 Prise Salz
500 g Mehl

Zubereitung:

1. Die Zutaten genau abmessen und bereitstellen.

2. Den Puderzucker durchsieben und mit den Eiern schaumig rühren.

3. Das Hirschhornsalz im Rum auflösen. Die abgeriebene Zitronenschale und das Salz mit einem Löffel verrühren. Das Ganze in die Puderzuckermasse einrühren.

4. Das Mehl durchsieben und mit den Knethaken des Handrührgerätes in die Masse einkneten. Der Teig muss gut durchgeknetet werden und anschließend 1–2 Stunden ruhen. Dabei die Teigschüssel mit einem feuchten Tuch abdecken.

5. Den Teig auf einer bemehlten Arbeitsfläche 6–7 mm dick ausrollen.

6. Die Holzmodel mit etwas Mehl bestäuben und fest in den Teig eindrücken. Die Form ringsum ausrädeln.

7. Den Backofen auf 150 °C (Umluft 130 °C) vorheizen. Die Springerle auf ein gefettetes Backblech legen und 25–30 Minuten backen. Die Springerle müssen weiß bleiben. Wenn nötig, muss man sie nach der halben Backzeit mit Pergamentpapier abdecken.

Tipp:

Man backt die Springerle mindestens vier Wochen vor Weihnachten und lagert sie in Blechdosen an einem kühlen Ort.

Tipp:

Durch die Zugabe von Zitronat und gemahlenen Haselnüssen kann man das Rezept in „Belgrader Brot“ abwandeln. Nach dem Ausrollen und Bestreichen des Teigs wird dieser dann einfach in Rechtecke (1,5 × 4 cm) geschnitten und im Backofen gebacken.

Zimtsterne

Zutaten:

Ergibt ca. 45 Stück

Für den Teig:
125 ml Eiweiß
400 g Puderzucker
400 g gemahlene Mandeln
1 TL gemahlener Zimt

Für die Glasur:
2 Eiweiß
200 g Puderzucker

Zubereitung:

1. Alle Zutaten genau abmessen und bereitstellen. Für den Teig das Eiweiß 7–8 Minuten schaumig schlagen, dabei nach und nach den Puderzucker einrieseln lassen. Wenn das Eiweiß steif ist, die Mandeln und den Zimt einarbeiten. Den Teig ca. 1 Stunde ruhen lassen.

2. Für die Glasur die Eiweiße mit dem Puderzucker ebenso steif schlagen.

3. Bevor die Zimtsterne ausgestochen und gebacken werden, zunächst einen Probedurchgang machen. Dafür etwas Teig auf einer bemehlten Arbeitsfläche ca. 7 mm dick ausrollen und mithilfe eines Messers etwas Eiweißglasur auftragen.

4. Den Backofen auf 180 °C (Umluft 160 °C) vorheizen und ein Backblech mit Backpapier auslegen.

5. Einen sternförmigen Ausstecher kurz in Wasser tauchen und wenige Sterne ausstechen. Die Probeplätzchen ca. 10 Minuten im Backofen backen.

6. Wenn die Sterne beim Backen nicht verlaufen, kann der ganze Teig verarbeitet und gebacken werden. Ansonsten fügt man dem Teig weitere gemahlene Mandeln hinzu und verarbeitet ihn weiter wie beschrieben.

Lebkuchen „Max und Moritz“

Zutaten:

Ergibt ca. 15 Stück

Für den Teig:
130 g Butter
300 g Honig
130 g Zucker
½ Päckchen Lebkuchengewürz
15 g Kakao
600 g Mehl
½ Päckchen Backpulver
1 Ei
1 Prise Salz
etwas Milch

Zum Verzieren:
Lebensmittelfarbe

Zubereitung:

1. Die Zutaten genau abmessen und bereitstellen.

2. Die Butter zusammen mit dem Honig, dem Zucker, dem Lebkuchengewürz und dem Kakao in einem Topf unter Rühren langsam erhitzen, bis sich eine glatte Masse gebildet hat. Danach etwas abkühlen lassen.

3. Das Mehl, das Backpulver, das Ei und das Salz dazugeben und alles mit den Knethaken des Handrührgerätes gut verrühren. Die Masse mit den Händen so lange weiterkneten, bis ein gleichmäßiger Teig entstanden ist. Im Kühlschrank ca. 2 Stunden ruhen lassen.

4. In der Zwischenzeit die Schablonen für die Lebkuchen herstellen: Ein Stück Pergamentpapier ausschneiden und auf die Vorlagen (siehe Seite 78–79) legen. Mit einem Stift die Konturen der Max-und-Moritz-Figuren nachzeichnen und die Figuren entlang der Konturlinien ausschneiden.

5. Den Backofen auf 200 °C (Umluft 180 °C) vorheizen. Den Teig auf einer bemehlten Arbeitsfläche ca. 6 mm dick ausrollen. Die Schablonen auf den Teig legen und mit einem Messer entlang der Kontur die Figuren ausschneiden. Auf ein mit Backpapier ausgekleidetes Backblech legen und vor dem Backen mit Milch bestreichen.

6. Die Lebkuchen-Figuren 10–12 Minuten backen und anschließend auskühlen lassen. Mit Lebensmittelfarben oder Zuckerguss verzieren.

Tipp:

Als Alternative zu künstlichen Lebensmittelfarben können Sie Puderzucker mit etwas Möhrensaft, Rote-Bete-Saft oder Heidelbeersaft vermischen. Verrühren Sie dafür 250 g Puderzucker und 2–3 EL Saft. Fügen Sie nur so viel Saft hinzu, bis ein cremiger Guss entsteht.

Legen Sie Transparentpapier auf die Vorlagen und zeichnen Sie die Figuren nach. Die Schablonen entlang der gestrichelten Linie mit einer Schere ausschneiden und auf den Teig legen.

„Max“

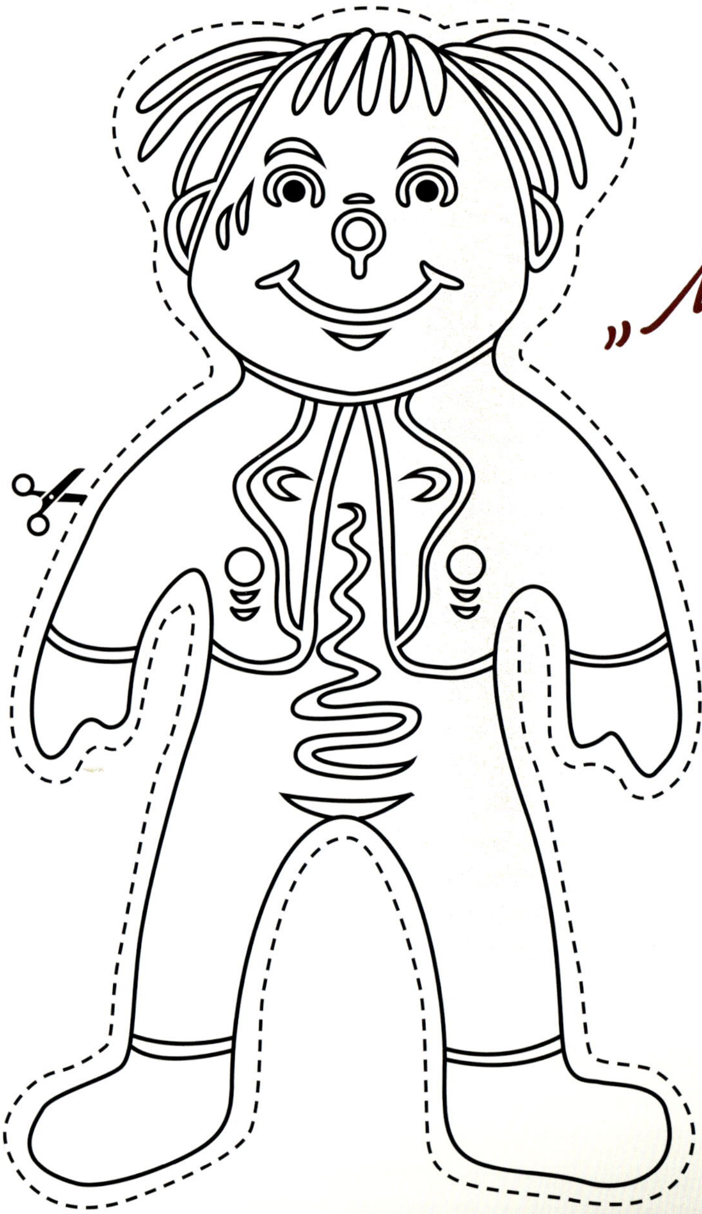

Mit einem Messer entlang der Kontur die Figuren aus dem Teig ausschneiden. Die Teigfiguren auf ein mit Backpapier ausgekleidetes Backblech legen und wie im Rezept beschrieben backen.

„Moritz"

Register

Genehmigte Lizenzausgabe
EDITION XXL GmbH
Industriestraße 19
64407 Fränkisch-Crumbach 2020
www.edition-xxl.de

Idee und Projektleitung: Sonja Sammüller
Layout, Satz und Umschlaggestaltung:
design cat GmbH

ISBN 978-3-89736-160-7

Bildnachweis
Shutterstock:
Africa Studio 4; Alice 3, 13, 17, 23, 30, 32–33, 39, 45, 50–51; 54–55, 61, 70, 75; Agnes Kantaruk 41; Anastasia Voskresenskaya 48–49; Andrew Scherbackov 4, 6; AnjelikaGr 18–19; Andrew Scherbackov 9, 11–12, 15–16, 19, 21–22, 25, 27, 29, 31–32, 35, 37–38, 41, 43–44, 47, 49, 51–52, 55, 57–58, 61–62, 65, 67–68, 71, 73–74, 77; aniok 4, 8, 10, 14, 18, 20, 24, 26, 28, 33, 34, 36, 40, 42, 46, 48, 50, 53, 55–56, 59, 63–64, 66, 69, 72, 76; Artizarus 78–79; Barbara Dudzinska 6; Boris Bushmin 6-7; CGissemann 65; Christian Jung 7; Danny Smythe 7; Dasha_Romanova 26–27; Eldred Lim 70; Heike Rau 6; Julia Metkalova 4; Magnago 28; MSPhotographic 71; NatashaPhoto 5; Nella 5–6, 9, 11–12, 15, 17, 21–22, 24, 28–29, 31–32, 35, 37–38, 40, 43–44, 49, 52, 55, 57–58, 61–62, 71, 73–74, 68, 77–79; Photosiber 7; vkuslandia 71

Alle weiteren Fotos: design cat GmbH